Traum mancher Tage

in memoriam nazim hikmet

Gündüz Bizde

Traum mancher Tage

Gedichte

Dank

Dieser Band wäre ohne die zahlreichen Hilfestellungen folgender Personen nicht möglich gewesen:

Dr. Lucie Luig-Bizde
Dr. Ethem Ete
Dr. Rolf Flügel
Prof. Orhan Uslu
Maria-Celik Kalac
Katherina Wiesner
Michaela Belger
Chariklia Mavromati
Marco Alcantara.

Mein besonderer Dank gilt Peter Hunger für die vielen Gespräche bezüglich des Inhalts und der Form der Gedichte sowie seiner liebenswerten Insistenz und Ermunterung bei der Fertigstellung des Buches.

Gündüz Bizde
München und Istanbul im August 2016

Randnotizen aus der Nachsaison des Lebens

Meine hier veröffentlichten Gedichte verstehe ich als einen kleinen Beitrag zu einem großen Thema, das mich mein ganzes Leben begleitet hat. Der Dialog zwischen den Welten und den verschiedenen Kulturen ist für mein Dafürhalten die »conditio sine qua non« einer friedfertigen Welt, für eine humane Zwischenmenschlichkeit im besten Sinne des Wortes.

»Ohne Angst verschieden sein können« ist für mich – als Reisender zwischen Orient und Okzident – Dreh- und Angelpunkt meines künstlerischen Schaffens gewesen. Freilich setzt dies auch eine enorme Lernbereitschaft voraus, aus den je eigens erfahrenen Kulturmustern die Neugier zu entfalten, in andere Denk- und Geisteslandschaften einzutauchen, um seinen eigenen Geisteshorizont zu erweitern und den respektvollen Umgang mit dem vermeintlich Fremden einzuüben und zu pflegen.

Dies gilt umso mehr angesichts des heutigen Zeitgeistes, der uns durch seine Schnelllebigkeit und Globalität die Nähe unterschiedlicher und differierender Kulturen aufs augenscheinlichste erfahrbar macht und mehr denn je Toleranz, Verständigung, Dialog und Respekt im gegenseitigen Miteinander einfordert. Wir erfahren heute im besten Sinne des Wortes mehr denn je die Fragilität vermeintlich stabiler Ordnungsgefüge, gleich ob politischer, sozialer oder kultureller Art. Daß dies keine geschichtlich neuartige Problemstellung ist, darauf verweist Shakespeares »Hamlet« bereits 1602 mit seiner berühmte Klage:

» The time is out of joint. Oh cursed spite.
That ever I was born to set it right«.

Die kritische Auseinandersetzung mit unserer Geschichte und die Notwendigkeit der Erinnerung daran ist für mein Verständnis von unschätzbarem Wert, denn »wer zieht nicht gern am Stöpsel der Zeit (und damit auch der Geschichte, so wohl der individuellen wie auch der kollektiven, d. V.), auf dass sie möglichst schnell zerrinne?« (Elfriede Jelinek).

Damit der Staub der Geschichte nicht treu liegen bleibt, gilt es, mehr denn je diesem Zustand mit allem erdenklichen Eigensinn und Engagement entgegenzutreten. Trotz krummen Holzes den aufrechten Gang zu üben, gilt nicht nur für die heutige, sondern auch für zukünftige Generationen. Es geht letztlich um die Frage, ob und was wir aus der Geschichte lernen, ob wir mit Hilfe unseres Verstandes, unserer Vernunft und unserer Gefühle der Geschichte einen Sinn zu geben vermögen, der menschliches Leben lebenswert und auch zukünftig zu machen imstande ist.

Oder sind wir gar im Sinne von Albert Camus der Sinnlosigkeit und Absurdität der Welt ausgeliefert? Camus hat sich stets als einen mediterranen Denker mit griechischem Herzen verstanden. Seine Lektüre der antiken Mythen entschlüsselten ihm die Situation des modernen Menschen, dessen existentielle Befindlichkeit ihm vergleichbar schien mit der des Sisyphos. Der heutige Mensch findet sich vor in einer sinnentleerten, durch und durch irrationalen Welt, aus der die Götter sich zurückgezogen haben und führt einen vergeblichen Kampf gegen ein Universum, das ihn zu vernichten droht. Das Bild einer anderen, jenseitigen Welt, in welcher der Stein oben liegen bleibt, verblasst. Sie ist gar nicht mehr erstrebenswert, weil in ihr die Bewegung zum Stillstand kommt und der Mensch nicht mehr herausgefordert ist, Sinn zu stiften.

So eindrucksvoll Camus Deutungsmuster für das menschliche In-der-Welt-sein ist, für meine Denk-und Handlungsweise war diese Einsicht nie endgültig, sondern immer wieder Ausgangspunkt auf der Suche nach anderen Optionen eines menschenwürdigen Lebens. In Brechts zeitkritischer Diagnose: »So ist die Welt und muss doch nicht so sein« klingt dieser offene Horizont, dieser Raum für Möglichkeiten noch mit. Und selbst in Becketts »Warten auf Godot« (für mich das beste Theaterstück) erkennt man den Versuch,

»dem Bild von Mensch und Welt doch noch irgendwelche positiven oder tröstlichen Züge abzugewinnen. Die Haltung der beiden Protagonisten Wladimir und Estragon ist zu Recht als clownesk charakterisiert worden. Der Clown aber ist in seinen Grundzügen weder tierisch ernst noch zynisch; sondern von einer Traurigkeit, die, da sie das traurige Los des Menschen überhaupt widerspiegelt, die Herzen aller Menschen solidarisiert und durch diese Solidarisierung erleichtert. Dass keine Figur unseres Jahrhunderts so viel Dankbarkeit erregt hatte wie die jämmerliche des frühen Chaplin, war kein Zufall. Die Farce scheint zum Refugium der Menschenliebe geworden zu sein; die Komplizenhaftigkeit des Traurigen zum letzten Trost. Und ist, was auf dem trostlos dürren Grunde der Sinnlosigkeit sprießt; der bloße Ton von Menschlichkeit, auch nur ein winziger Trost; und weiß auch die Tröstung nicht, warum sie tröstet und auf welchen Godot sie wartet – sie beweist, dass Wärme wichtiger ist als Sinn, und dass es nicht der Metaphysiker ist, der das letzte Wort behalten darf, sondern nur der Menschenfreund« (Günther Anders, Die Antiquiertheit des Menschen, Bd. 1, S. 230f.). Dieser für mein Dafürhalten beste Interpretation von Becketts »Warten auf Godot« von Günther Anders kann ich mich vollumfänglich anschließen.

Wie dem auch sei. In der Nachsaison des Lebens denkt man in der Regel großformatiger und dies mit Gewinn. Die eigene Endlichkeit, die Einsicht in die Verlorenheit des Menschen in der Zeit ermöglicht eine gelassene Bilanzierung des eigenen Lebens.

Wer allen Seiten Zugang gewährt und sein Dasein in den Kontext vergangener wie möglicher zukünftiger Lebens- und Daseinsweisen stellt, gelangt zu m. E. wesentlichen Einsichten. Dazu zählen für mich der unbedingte Glaube an die Kraft der Liebe, der Hoffnung und der Freundschaft.

In diesem Sinne verstehe ich meine hier veröffentlichten Gedichte als einen kleinen Beitrag zu einem großem Thema.

Damals
sie war kundin
meiner gefühle
ich
ließ ihr zeit zu bedenken
was sie haben wollte
irgendwann
bei anbruch des tages
kam sie wieder
und
gab mir
etwas wunderschönes
was ich
haben wollte
danach
legte sich das gefühl nieder
und weinte
seit dem
lachen wir zusammen

An einem nebligen abend
schaue ich
von meinem fenster stumm
in die tiefe des himmels
jedoch keine spuren der leuchtenden sterne
der kühle wind
bringt mir langsam die finsternis
ins zimmer
und ich mache das licht an
in der helligkeit
trinke ich mit der finsternis
ein dunkles bier

Eine bierflasche
zeichnen
und dann
aus ihr trinken
ohne einen pfennig

Gestern nacht habe ich
an dich gedacht
ohne schmerz
ohne lieder
nach einer staubbedeckten henkersmahlzeit
lachte ich
ohne grund

Die wilde böe hat sich besänftigt
die lippen
stehen still
und
herrlich glänzen die augen
mit verstecktem lächeln
das herz ist weit geöffnet
die seele hat keine finsternis mehr
früchte tragend in der morgenkühle
winke ich mit meiner hand
freudig – lautlos
dem sanften nieselregen zu
und
reiche meine hand
einem geheimnisvollen licht
heute
mein eigenes herz
will mich trinken

Ein teil von meinem leben ist
abgeschnitten
doch
mit herzbewegender eile
jage ich der hoffnung nach
im
gluterfüllten licht
öffne ich meine lippen
und
singe

Woher kommst du
fragte er
vom mutterleib
sagte ich
er auch
hast du kultur
fragte er
x-millionen jahre
sagte ich
er auch
siehst du hörst du lachst du weinst du
fragte er
ich bejahte
er auch
deine nationalität
fragte er
türke
sagte ich
ich nicht
sagte er
komm ich umarme dich
da wir so viel gemeinsam haben
sagte er
wir umarmen uns
das ist sehnsucht

Dieser Ort
an dem ich mich befinde
ist still
all die türen
sind verschlossen
»wer will mir einen schrecken einjagen?«
frage ich mich
mit lichterfüllten kräften
kehrt mein verstand tiefatmend
langsam zurück
da
öffnen sich die wolken
und mit nassen blättern
wasche ich die sonne
im
alten nordfriedhof

Komödianten
sind nicht mehr da
wenn man die gefahr
auf sich nimmt
trotz schrecklicher regeln
etwas ernstes ist dabei
eines tages werde ich dich gewinnen
auch wenn du zögerst
und dann der tod
na ja
der tod ist viel einsamer
als wir
so einfach ist das
hör zu
ich bin
kein spitzbub mehr

Zigarette im mund
höre ich
das telefon läuten
ich renne zum telefon
(ohne aschenbecher)
aber
die erwartung bleibt unerfüllt
»Verzeihen sie ich habe falsch gewählt«
und
ich depp
suche immer noch
den aschenbecher

Wertlos lächelnd
vergeht der tag
an einer gewissen strassenecke
wird der schatten gross
doch
solange er neben mir geht
muss er sich nicht fürchten
dass ich ein gespenst sei
in einer phantastischen pechdunklen nacht
werde ich
ohne ihn bleiben

In einem fremden land
habe ich versucht
mich
an alle dinge anzupassen
obwohl meine jacke
mir zu eng ist
ordentlich
gekämmte glatze
spricht ganz leise zur mir
»du kruzi türke
hol doch
einen breiteren hut«

Ein beil
hat auf meinem hals
einen grossen blauen fleck hinterlassen
mit schwindsüchtigen schmerzen
befreie ich mich
von angst
und
strahle in der dichten dunkelheit
ich beisse auf die lippen
mitten im ort nackt wie ein
bettler
singe ich ein lied
»Der tod ist älter als wir«

Schaum um mich herum
in verzweiflungsvoller geduld
besuchen mich sternschnuppen
ein riss
in meiner willenskraft
doch ich bin nicht schläfrig
eine seeschwalbe
mit verknöchertem herzen
versucht zu fliegen
und ich
gehe zum wasserhahn
das wasser
läuft
stärker als ich

Faul gewordene blätter erfrischen den duft der erde
an einem herbsttag
quält mich die sehnsucht zu einem treuen weib
an einem herbsttag
laufe ich mit meinem diebesschritt zum sonnenuntergang
der einsame gedanke
durchtränkt mit gefühl
will euch regenbogen schenken
an einem herbsttag

Die türen waren geöffnet
als ich das haus verliess
schliesslich befinde ich mich in der u-bahn
eine ordentlich gekaufte fahrkarte ist auch dabei
mit versteinertem gesicht
kam mir eine frau entgegen und sagte
»bitte die fahrkarte«
mit unartikulierten gedanken
von tiefer unlust durchtränkt
zeigte ich ihr
meine
linke brustwarze

In einem ruhigen abendlicht
von schaum eingepackt
unbewegt und still
küsst sie
ihren rätselhaften traum
da fängt ihr körper an zu beben
ihre lippen blühen
ihr herz kocht
ihre augen glühen
mit ihrem vom wind gepeitschten gefühl
wurde sie eine frau

Knie an knie
mit voller lust
rudere ich mein boot
mit getrübten augen sehe ich
sie ist ja noch
in ihrem kleid
versteckt

Wenn du zugehört hättest
was ich dir ins ohr geflüstert habe
wärest du doch heute nacht
bei mir geblieben
aber
wenn du mich fragen würdest
es ist doch besser
dass
du gegangen bist

Immer denke ich an diese tage
im letzten jahr
wir waren zusammen
seitdem
ist alles in meinem zimmer
in trauer
eingetaucht
meine wände
werden
nicht trocken

Ich berühre ängstlich
ihre kühle haut in meinem bett
plötzlich
fängt sie an zu atmen
mit tausenden kohleglutähnlichen augen
und
mit schweissbenetztem körper
dreht sie sich stöhnend um
ich auch
verachtungsvoll drehe ich mich um
mit augenerfrischenden gedanken
zu ihrem
fettgewölbten bauch
auf ihrer milchlosen rechten brust
fang ich an zu weinen
auf ihren nackten schultern
sehe ich
baumtiere
und
menschenbilder

Ich benötigte hilfe
in der dunkelheit
von den händen
die sich mir entgegenstreckten
nun
in meinem zimmer
erkenne ich eines der skelette
das mir frech grinsend
seine eiskalten finger reicht
ich zweifle
oder
habe angst

Kinder spielen
im sonnenlicht
die bäume erfreuen sich
am versteckenspielen
ein nackter wurm
begrüsst mich
mit menschenseele
mit einer handvoll erde
falle ich zu boden
unbewegt
freudig
stumm

Ich lasse mein schattenbild
verschwinden
halte
meine zunge fest
mit gesenkten augenlidern
unterscheide ich die wahrheit
von den träumen
wie ein süsses schweigen
doch
der wunsch zu schreien
ist da
ich schwöre
doch nicht allzu traurig
im morgenlicht
geist und liebe
sollen nicht fern sein von uns
so wird das schicksal ein blütenstaub
die sonne
ein brot

Ein paar unruhige schatten
kommen hinter mir her
wie eine türkische frau
in moosach
aber ohne türkenkoffer
einer der schatten wollte mir etwas geben
»was soll dieser schmarrn am helllichten tag
ich möchte meine ruhe pflegen – ihr seelenräuber – «
rief ich
plötzlich verschwinden alle
nur mein treuer sklave
der eigene
bleibt bei mir

Frage mich nicht
wo die türkenstrasse
in münchen ist
ich weiss es nicht
bin gerade mit franz von assisi
in leipzig in der grünen schenke
trinke leitungswasser
und
zugleich mit mevlana
auf dem gipfel des ararat
statt schnee zu schaufeln
sammeln wir papierbecher
von mac donald's
es begleiten uns strassenkehrer aus anatolien
und millionen abermillionen
hungrige kinder

Ein
ohrenbetäubender lärm
in einer großstadt
auch in den kneipen
wo
nicht nur seeleute
ihre schnäpse trinken
innere zuneigung spürt man kaum
die hintergedanken
werden frei
wie am faschingsdienstag
eine gewisse sehnsucht
haben die doch alle
aber
keiner will etwas klares sehen
wohlgemerkt
ich betrachte es begründet
mit kritischen augen
obwohl ich sehr leicht freundschaft schließe
dennoch
fordert der gedanke abstand ein

Man erzählte mir
etwas schönes
von der zukunft
aber
in der gegenwart
irregeführt ganz allein
denke ich
an das vergangene
bin
ich
ein narr?

Wenn die worte
hin- und herwandern
bleibe ich kühn
wenn der geist
liebe funkelt
schlucke ich das mondlicht
gleich einem rebensaft
sündloses gefühl
ist
ein treuer hund
der immer bellt

Ein falscher prophet weigert sich
mir zu glauben
als ich sagte
dass ich mein leben
nie auf`s spiel setze
noch dazu
habe ich ihm erzählt
»wenn ich weg bin
werde ich im grab
mit den grabwürmern
lustigeres reden
als du«

Es ist sieben uhr früh
und ich zähle
in münchen
bleigraue wolken
über meinem kopf
keine kirchenglocke zu sehen
übrigens
ich rauche zu viel
warum eigentlich
ich hab ja
keine zahnschmerzen

Ein an die fensterscheibe gedrücktes gesicht
schafft neue unruhe
diesem zustand vorbeugend
sage ich mir
ich hab ja keine schmutzigen poren
hilfesuchend
doch allein
öffne ich das fenster
sehr vorsichtig
und das gesicht
ist nicht mehr da

Ich habe die grossen ängste
durchgestanden
wie ein senkrecht startendes flugzeug
jeden abend
stehe ich auf
und
schaue nach meiner gewißheit
schau schau
sie ist da

Ich saß stumm
in einem kaffeehaus
in münchen voller bitterkeit
und
sah die leute
kommen und gehen
in warmer luft
burschen mit mädchen
verliebt und schweißbedeckt
tanzen sie in gedanken
ich
still lächelnd
und betäubt
wie eine aufgehende rose
freue mich

Sie saßen nebeneinander
in einem cafe
in dichten tabacksqualm gehüllt
ganz durchdrungen vom gefühl
des abschieds
als die tränen herunter liefen
merkte ich
wie schön
die intensität der freundschaft
sein könnte
mit wacher aufmerksamkeit
und
leicht wie ein vogel
ohne schlechtes gewissen
zahlte ich
und ging

Als ich in jenem jahr meinen pass
abgeben musste
sagte mir jemand
in der neuen heimat
»solange deine heimat dich nicht will
sei unser gast – wir lieben dich«
ich
die unglückliche menschenseele
erstaunt – stumm
fast wie eine geile hafendirne
wusste nicht
wie ich reagieren sollte
ich hielt das auge heimlich wach und nass
und fragte mich innerlich
»was ist das heimat
ist das die liebe?«
ich versuchte
meine feucht gewordenen augen
in ihrem wagen heimlich zu verstecken
aber
sie lachte
wie ein trockener dornenstrauch

Sei mir willkommen oh augenblick
mit deiner bitteren stimme
du solltest lauter werden
als du kurz vorher bei mir warst
und von taubgewordenen hoffnungen erzähltest
entsetzt war ich nicht
doch getrennt von freude
du bist anders als der zeitgeist
ich will dich behalten
anfanglos – endlos
oh du augenblick
sei mir willkommen

Jeden morgen
ohne echo
sage ich
»guten tag liebe menschen«
dennoch
nach einer schlaflosen nacht
sehe ich
deine hände – meine hände
in glasscherben
ich wollte ein stilles herz sein
geräuschlos
doch wie eine lawine
wir sollen uns an die dunkelheit gewöhnen
sage ich
doch das echo
frägt zurück
»wie lange noch?«
antwort
»lass die meeresufer ohne mich
wüste soll
ohne sand sein«
hey …
was für ein sonniger tag
die liebe zum menschen
bleibt bei mir

In einem
nächtlichen gewitterregen
eilen die gedanken rasch
die zunge
klebt im munde
die schlaue nacht
kommt durch das fenster
ausgeruht vom tage
und
gleich einem hund laut jaulend
versucht sie mich zu erschrecken
doch
ohne hast
tanze ich in meinem zimmer

Irgendwo
beginnen wir
in der lügnerischen welt
ganz verloren geglaubte hoffnungen
blass gewordene sterne
und
die verdunkelte sonne
zu polieren
habt nur geduld
wir lieben das licht

Heimlich halte ich die
unschuldige freude von gestern
im arm
im dämmerlichten raum
gleich einer durch den regen
befeuchteten tanne
ist mein geist zurückgekehrt
mit voller wut
doch
lusterfüllt mit hellem schrei
in gedanken
hüpfe ich
von ast zu ast
und halte ein blatt
von einem baum
mit vollem vertrauen
spielend
ich freue mich

Mit einer lügnerischen maske
sank ich in tiefen schlaf
und
hörte die süssen stimmen
mich rufen
»du sollst all deine sorgen
verschwinden lassen
du bist ja ein wolkenblitz
der feindschaften nicht liebt«
nun erwache ich
versunken inmitten der stille
leise schreiend
»wer hat mich aufgeweckt?«
der traum
mit tausend wurzeln
gibt mir keine antwort

Mit reinem sinn
lehnt sich der geist
an eine freiheit singende seele
in blauer himmelsluft
denke ich unbekümmert
es ist nicht lange her
dass ich
die hässlichen nebelwolken
geküsst habe
die erinnerungen – gute wie schlechte –
trotz
vergeblichen bemühens
zu vergessen
wie seltsam es auch ist
sie bleiben immer bei mir

Im schlaf
den tod nahe an meiner seite
versuche ich
den schlaf zu vernichten
und
der leichte wind
verschwindet in einem trümmergrab
mit
vollmondgleichem antlitz
in einem
hohlen baum sitzend
begrüsse ich
meinen traum
ohne zu zittern

Im morgengrauen
frei von ängsten
und
mit nebel in meiner tasche
unter blütenreichen bäumen
werde ich
meine schatten prügeln
mitleidlos

Die bäume
sterben
schneller als menschen
in einer peep-show
riechen die spermen
wie
süsslicher leichengeruch
auf dem friedhof
pere-lachaise
schaukelt mein boot
schläfrig

Der meereswind
lässt
meine seele schaukeln
obwohl
ich in baiernbach bin
mit voller liebe
und
freude
bestelle ich
in einem gasthaus
leberkäse mit ei
oh ihr geliebten kinder dieser erde
seid
meine gäste

Schweigend blicke ich
auf die versunkene im halbdunkel
und versuche
ein kaum hörbares gespräch
mit ihr zu führen
sie nickt stumm
was ich zu ihr sage
trotz gegenwart
möchte ich das vergangene
mit ihr
behalten
in der zukunft

Heute
mit
einbrechendem regenguss
ist ein gefühl
der verlassenheit
mit
bohrendem schmerz
in mir
irrlichter mit vollkommener stille
in meiner seele
herrschsüchtige pupillen kann ich nicht malen
irgendwo in der welt
erlebe ich die erniedrigung wie ein verwundeter
nichts ist überraschend
mein ganzes leben ist suche
ich will nicht
in meinem eigenen keim ersticken
mit
geschlossenen augen
und
angehaltenem atem
zuerst viele fragen
an mich selbst

Ich träumte
von einer ehrlichen
hafendirne
in freising bei münchen
und
sie träumte
am hafen
von einer weisswurst
was wir beide suchten
war
ein sündgeweihtes hotel
irgendwo
auf dieser erde

Eine goldene sonnenblume
unberührt – einsam – und doch stolz
in einem blumenladen
irgendwo in münchen
wie ein traumdeuter schaut sie mich an
und spricht
»nimm mich«
unerschrocken – freudig –
ich nehme sie mit
ihr hungerleidenden
kommt zu mir
statt kingsburger
habe ich ein sonnenbrot
für euch alle

Die toten haben keine nahrung
in der stummen öde
erzeugt der eisige wirbelwind keinen schnee
tränenfeuchtes gesicht bleibt in der dunkelheit
ein furchtbares naturgesetz nähert sich uns
mit tausend füssen jeden tag ins grab
das mädchen mit reif gewordenem busen
ist verfault
auf den weissen knochen
singend
tanzen die grabwürmer
trotz alledem und entgegen dem naturgesetz
ich erneuere mich jeden tag
auf diesem weg

Anno 1986
am 5. und 6. april
stand in der abendzeitung
wo helga anders
beigesetzt wird
aber die reklame von pini
stand über ihr
seitdem spiele ich fussball
in gedanken
werder bremen hat 5:0 gewonnen
gegen wen
weiss ich immer noch nicht
was ich jetzt damit sagen will
wir sollten
endlich einmal
dem leben
einen sinn geben
wie
saint-exupery

An einem schwülen sonntag
lief ich allein
traurig-verstört
in die innenstadt
doch ohne reue
ein helles nachmittagslicht
gab mir
eine hoffnungsvolle nachricht
dass ich sie durch einen zufall
treffen kann
irgendwann
und irgendwie
als die sonne unterging
setzte ich mich auf den gehsteig
und merkte
dass ich noch nichts gegessen hatte
es war wie ein wunder
sie kam lächelnd mir entgegen
umarmte mich
und sagte
»ich habe hunger«

Heute ist hochzeit
zwischen sonne
und meer
mutter erde und ich
sind trauzeugen
plötzlich schneit es in der wüste
der tiefe wind weint
mit freude
und aufleuchtendem himmel
bereiten die sterne
die prunkvollste hochzeitstafel aller zeiten vor
was für eine glänzende hochzeit
und ich
sass da
nass und trocken zugleich
der mond macht
eifersüchtig das licht aus
und sagt zu mir
»psst! sei still«
dies ist doch das wunder
in der stunde der liebe

Über unsere kindheit hinaus
trotz geglaubter einigung
seit generationen ist nichts wahr
das heftige temperament des inneren
im leichenschauhaus
schafft volle unsicherheit
ein liebesbedürftiges kind lebt mit tausend belastungen
in der chaotischen leere

ich möchte mit gesenktem kopf
aber nicht niedergeschlagen
dass das misstrauen
nicht mehr gereizt werden soll
in der stickigen luft der gesellschaft sei mir
jeder menschliche versuch
willkommen

ich schaue endlich
in einem gewissen augenblick
und erkenne die ursache unserer ängste

Ringsherum
ist
stille in carmine-superiore
am kirchplatz
versucht ein mensch um mitternacht
zu schlafen
mit gereifter seele
in seinem liebeskampf für die menschen
halb eingeschlafen mit bitternissen
will er nur eines
einfach verschwinden
er kann aber nicht
weil die erlebnisse
mit kot beladen sind
langsam wurde er wach
von einem künstlichen licht
aus einer taschenlampe
trotz seines stolzen geistes
im halbschlaf
wollte er an diesem ort
blühende gärten öffnen

Ein kranker stern rief mich um hilfe
mit meiner mondlichtschnur
stieg ich zum himmel
und
sah ihn blass flattern
mit zärtlicher stimme und lichtumhülltem fieber
erzählte er mir
»ach ich finde keinen schlaf
und bin erschöpft und schwach
der kosmos ist für mich eng und klein geworden«
ich
der sterbliche
mit achtung zur erde gebeugt
sagte ihm
»ich werde deine schmerzen heilen
wenn du mir zuhörst
das ist kein leiden
was du hast
eher ein gefühl von unsterblichkeit
unter zahllosen sternen sehe ich bei dir keine leidenschaft
armseliger freund
du hast eine schwache liebe
wenn du liebst kämpfe
und kämpfe nochmals«
vom mondlicht beschienen schaut er mich an
und hört mir leise zu
da winkt die braut

er freudig
ich mitleidlos
wir verabschieden uns
ohne geschenkten flügel
mit meiner mondlichtschnur
nähere ich mich an land und meer

Wie eine zauberkugel
leuchten die planeten am himmel
dennoch
im all hat der tanz der zerstörung begonnen
und
explosion auf explosion folgt auf dem bebauten satelliten
der große endgedanke ist stumm
mit meinem helm im all kann ich auch nicht mehr
küssen
schatten von einem kiefernbaum sind auch nicht mehr
im all
ich will nicht dass mutter erde stirbt
hirtenknaben mit ziegenduft
wo seid ihr denn im all
wo ist dieser nieselregen
ringsherum keine kinder
durch einen wind bewegter baum
wo bist du
der erste glanz am morgen mit dem stummen licht im
walde
ist auch nicht mehr da
die sich paarenden vögel
sind auch weg
sie werden nicht mehr im brunnenwasser plätschern
blinden kann ich die farbe nicht erklären
weil die menschen auf der erde zornig sind
ich murmle leise

»warum soll man die weissen wolken mit blut
beschmieren?«
nach dieser frage zittert das herz des vogels
schüchtern frägt er mich
»könnt ihr die bäume im all pflanzen?«
wenn keine offene brust im all ist
werde ich lachende tränen vergiessen
warum
im sonnenlicht und monde
ist mutter erde immer treu zu uns
wie eine kastrierte ameise klage ich sehr bitter
ist das ein traumwerkkrieg der sterne
in einer salzhaltigen luft sollen die kieselsteine
ein wiegenlied singen am ufer
trotz der lieben sonne
und
der unersättlich glänzenden sterne
ich begrüsse
einen gletscherwurm
in alaska

ICH BIN DER MOND

Sterne greifend
stieg ich zum himmel
auf unbestellte felder
frisch verrinnende regenflut

ICH BIN DER MOND

In meinem beflügelten herzen
lied der planeten
auf warmem sand
kindliche spuren der urzeit
lichttrunkene freude

ICH BIN DER MOND

Faust des grossen mannes
die den schwachen fällt
machtlos
keine schulden mehr
geliebte
die meinen weg änderten

ICH BIN DER MOND

Auf graslosen sandbänken
endloses heiliges schweigen
rauchloses brennen der sterne
gewaltlose welten
schönste lieder meiner kindheit

ICH BIN DER MOND

Starke hoffnungen kleben im harz des baumes
wir sind voll unvergleichbarer hoffnungen
und dennoch schwanger für künftige sorgen
in unserem innern
ein lachendes kinderglück
um uns herum
lärm mit kaltem nebel umhüllt
unruhiges wälzen im bett
die visionen der geliebten vervielfachen den schmerz
man sieht den wert der menschheit
wie ein verzerrtes gesicht im spiegel
die augen werden gross grösser und noch grösser
klein und kleiner der zusammengezogene körper
der wahre atem eines unbekannten
man erinnert sich
ein zweifelndes wissen
die augen werden gross grösser und noch grösser

In paris unter der metro
steh ich ohne schuh'
wie ein clochard
in hamburg hat man mich
ohne pass getroffen
wie einen matrosen
vor jahren bin ich
gestorben
und habe keine erinnerung daran

Ein schleuderstein
traf mich am kopf
gross ist dessen vergrindete
narbe

An den lippen hängen noch
gebete
kaum hörbar
von damals

Verstümmelt
sind meine arme
eine handvoll flehender hände
recken sich
gen himmel
vergeblich ist alles
vor jahren
schon

sind wir gestorben
ohne erinnerung
ohne es je zu begreifen

Ich habe lieder
innige ungezwungene
die belogene besingen
lieder
innige ungezwungene
ohne brot
ohne jedes wissen
ein heisses aufbegehren
wird spürbar
hinter den blauen bergen

Diese elenden
die mit hängenden köpfen
das grab
eines heiligen ohne grabstein betrachten
sie schauen und schauen
mit hängenden köpfen

60 von hundert
die nicht gott schreiben können
schon seit geraumer zeit das gleiche
kraft und verstand
gehen verloren
in den nach westen gerichteten blicken
die leidenden
erkennen die ausbeutung
unter dem glühenden sonnenlicht
und in den nach knochen stinkenden gruben

sie erwachen allmählich
meine freunde
sie erwachen

Erschöpft und niedergeschlagen konstatieren sie
es ist noch zeit
sie können noch warten
schweigsamer als begrabene
sie können noch warten

Kommt
meine seit jahren vergessenen
und
ihr wahrheitssuchenden
mit den nägeln zwei pastöser hände
zerquetschen wir die zecke
bevor wir unsere würde verlieren

Kommt
mit der den sand zum grünen bringenden hoffnung
zerquetschen wir die zecke
dieses blutsaugende tierchen
und das herz
flüstert
unsere hoffnungen sind nicht verloren

Jeder tag
belastet die gedanken aufs neue
beklemmung erfüllt uns
keiner kann abgebrochene äste
grünen lassen

Unsere sorge
gleicht moosbegrindeten steinen
täglich sichtbar
die unveränderten merkmale

Schrille sperlinge
da und dort
zerpflücken aufflatternd das feld
wenn ich aussäen will
meinen zorn
um frucht daraus zu ernten

Wo ich mich auflehne
hebt sich ein randloser himmel
empor

Kraniche fliegen im gewölk
wollen unter ihren schreien
blätter grünen lassen
ohne sonne
ist trocken das blut
doch wir heben zum gesang an

für frauen
deren hoffnung verdirbt

»Nen kanten brot«
will einer sagen
ohne zu heischen

Sein mund bleibt hohl
verstopft seine ohren
nichts hört er
weggeworfen alle anstrengungen

»Und«
setzt ein anderer zu sagen an
»auch ich will hoch oben
die kraniche schreien hören

Abgeschieden
hänge ich an erinnerungen
höre krähen krächzen
diese dunklen vögel

Sehe jetzt
aufbrechende blüten
sehe
ein kind ein kind ist`s
und grüsst mich freundlich

Die zunge
rollt sich
stumm ein
unter tränen verfaulen
wird meine freude

Ich gehe in die finsternis
mit nicht sterbenden hoffnungen
um meine geburt zu suchen
am ende der finsternis
vergessene schatten
eine brüderliche einsamkeit
ich lasse eine nicht erfahrene liebe
verregnete sonntage
und in der welt geschehen lustspiele
hinter mir
öde
ein heulender hund
wenn ein von oben seinen schatten nicht sehender vogel
in der ferne verschwindet
verlasse ich
am ende der jahreszeiten
die schwelle der kreischenden tür
ich gehe in die finsternis
meine erinnerung gefaltet
in der vergangenheit
ich kann nicht vergessen
die hell klingenden echos in meinen ohren
ein schaukelndes boot
mein kopf dreht sich
hinter den schwüren das ende der bitterkeit
vielleicht sorglosigkeit
verwirrung der gedanken

die abgehackten hände meines freundes
strecken sich mir entgegen
mit schrecken sehe ich die stille
wie eine lawine über mich dahindonnern
wie in kindlicher liebe
eine augenwimper auf der handfläche liegend
ist mein schrei
damit dieser schrei freude wird
ging ich in die finsternis
am ende der jahreszeiten
meine geburt werde ich suchen
am ende der finsternis

Die toten habe keine nahrung
in der stummen öde
erzeugt der eisige wirbelwind keinen schnee
tränenfeuchtes gesicht verweilt in der dunkelheit
ein furchtbares naturgesetz nähert sich uns
mit tausend füssen jeden tag ins grab
das mädchen mit reifgewordenem busen
ist verfault
auf den weissen knochen
singen und tanzen die grabwürmer
entgegen dem naturgesetz
erneuere ich mich jeden tag
auf diesem weg

Im nachhinein betrachtet
war das verlangen
was wir gegeben
und
was wir haben wollten
sehr groß
wir haben unseren gefühlsmantel
jenen mit kindheitserlebnissen geliehen
doch bei scharfem licht
bleibt unverändert eine gewisse leere
dennoch
wenn die wahrheit
langweilig ist
spielen wir kein theater mehr
und
wir sind unsere müdigkeit los

Zum Autor:

Gündüz Bizde, geboren in Izmir
Studium am literarischen Institut der
Universität Istanbul.
Studium der Geschichte und Theaterwissenschaft
an der LMU München

Schauspieler am Münchner Residenztheater u. a. in
N. Gogol »Heiratskomödie«,
I. Bergmann »Szenen einer Ehe«,
Beaumarchais »Der tolle Tag«,
B. Brecht »Dreigroschenoper«,
Th. Bernhard »Der Präsident«,
W. Shakespeare »Macbeth«,
Odön von Horvath »Die Unbekannte aus der Seine«,
C. Zuckmayer »Der Hauptmann von Köpenick«

von 1985 – 1995 Personalchef der Abteilung
Kleindarsteller und Komparserie am
Münchner Residenztheater

Filmschauspieler
(u. a. »LH 615 – Operation München« (1975)

Mehrere Dichterlesungen in München, Herrsching, Mannheim

Gündüz Bizde
München, © 2016
Alle Rechte vorbehalten

Zeichnungen von Gündüz Bizde
Design: Heidi Sorg & Christof Leistl, München
Herstellung und Verlag: BoD – Books on Demand, Norderstedt

ISBN: 978-3-74310-206-4